CIENCIAS DEL PATIO TRASERO

Cómo crece una huerta

De Miranda Kelly
Traducción de Santiago Ochoa

Índice

Un libro de El Semillero de Crabtree

Crabtree Publishing
crabtreebooks.com

CÓMO CRECE UNA HUERTA

La gente cultiva alimentos para comer.

Cultivamos alimentos en una **huerta**.

Cultivamos **frutas** y **vegetales.**

Sembramos **semillas** para empezar una huerta.

La luz del sol y el agua hacen que las semillas crezcan.

Utilizamos **herramientas** de jardinería.

Las herramientas nos ayudan a realizar trabajos.

Butterf
diner

Con el trabajo duro, las **plantas** crecerán grandes.

Ahora podemos recoger la comida de la huerta.

Es hora de comer.

¡UNA DELICIA!

Glosario

frutas: Las frutas son partes de las plantas que comemos. Las frutas tienen semillas.

herramientas: Las herramientas son objetos que utilizamos para realizar diferentes trabajos. Una pala es una herramienta que utilizamos para cavar en una huerta.

huerta: Una huerta es el lugar donde se cultivan plantas como flores, vegetales y arbustos.

plantas: Las plantas son seres vivos que suelen tener un tallo, hojas y, a veces, flores y frutos.

semillas: Las semillas son las partes de una planta a partir de las cuales pueden crecer nuevas plantas.

vegetales: Los vegetales son partes de las plantas que comemos. Los vegetales no tienen semillas.

Índice analítico

Apoyo escolar para cuidadores y profesores

Este libro ayuda a los niños a crecer permitiéndoles practicar la lectura. A continuación se presentan algunas preguntas orientativas para ayudar al lector a desarrollar su capacidad de comprensión. Las posibles respuestas que aparecen aquí están en color rojo.

Antes de leer

- **¿De qué creo que trata este libro?** Creo que este libro trata de cómo cultivar vegetales en una huerta. Creo que este libro trata de los pasos que hay que dar para cultivar alimentos.
- **¿Qué quiero aprender sobre este tema?** Quiero aprender más sobre la profundidad a la que debe colocarse una semilla en la tierra. Quiero aprender todo sobre el cultivo de vegetales.

Durante la lectura

- **Me pregunto por qué...** Me pregunto por qué los vegetales no tienen semillas. Me pregunto por qué los vegetales se siembran en hileras rectas.
- **¿Qué he aprendido hasta ahora?** He aprendido que el primer paso para cultivar alimentos es sembrar una semilla. He aprendido que las semillas necesitan luz solar y agua para crecer.

Después de leer

- **¿Qué detalles he aprendido sobre este tema?** He aprendido que el fruto de una planta contiene las semillas. He aprendido que los vegetales no tienen semillas.
- **¿Qué detalles he aprendido sobre este tema?** Veo la palabra *herramientas* en la página 12 y la palabra *plantas* en la página 17. Las demás palabras del glosario se encuentran en las páginas 22 y 23.

Crabtree Publishing

crabtreebooks.com 800-387-7650

Print book version produced jointly with Blue Door Education in 2023

Hardcover 978-1-0396-4816-6
Paperback 978-1-0396-4943-9
Ebook (pdf) 978-1-0396-8935-0
Epub 978-1-0396-9062-2
Read-along 978-1-0396-9189-6
Audio book 978-1-0396-9316-6

Printed in Canada/072023/CPC20230726

Library and Archives Canada Cataloguing in Publication
Available at the Library and Archives Canada

Library of Congress Cataloging-in-Publication Data
Available at the Library of Congress

Published in Canada
Crabtree Publishing
616 Welland Avenue
St. Catharines, Ontario
L2M 5V6

Published in the United States
Crabtree Publishing
347 Fifth Avenue
Suite 1402-145
New York, NY 10016

Written by: Miranda Kelly
Translation to Spanish: Santiago Ochoa
Spanish-language copyediting and proofreading: Base Tres

Photo Credits: Photo credits: Cover photo © bokan76 - i-stockphoto.com. All other images from Shutterstock.com: green box graphic throughout © By Kelvin Degree, page 2-3 © Morinka; page 4 © Irina Fischer, page 5 © lovelyday12; page 6 © Africa Studio, page 7 © allstars; page 8 © Caron Badkin, page 9 © kazoka; page 10-11 © lovelyday12; page 12-13 and title page photo © Abramova Elena; pages 14, 15, 16 © Rawpixel.com, page 17 © Ailisa; page 18-19 © gorillaimages; page 20-21 © Toey Toey